CATALOGUE

DE

MONNAIES

ROMAINES, FRANÇAISES ET ÉTRANGÈRES

EN OR, ARGENT ET BRONZE.

DE

LIVRES DE NUMISMATIQUE ET D'ARCHÉOLOGIE

COMPOSANT LA COLLECTION

de feu **M. GRÉPINET,** ancien Directeur des Contributions,
à Châlons-sur-Marne,

DONT LA VENTE AUX ENCHÈRES PUBLIQUES

AURA LIEU

LES JEUDI 24, VENDREDI 25 ET SAMEDI 26 JANVIER 1861,

A UNE HEURE PRÉCISE,

HOTEL DES COMMISSAIRES-PRISEURS

RUE DROUOT, 5 (salle n° 6)

Par le ministère de Me DELBERGUE-CORMONT, Commissaire-Priseur, r. de Provence, 8

Assisté de MM. ROLLIN et FEUARDENT, Experts, 12, rue Vivienne,

CHEZ LESQUELS SE DISTRIBUE LE CATALOGUE.

Exposition publique, de midi à une heure, chaque jour de vente.

PARIS

CHEZ ROLLIN ET FEUARDENT, RUE VIVIENNE, 12

M DCCC LXI

CATALOGUE

DE

MONNAIES

ROMAINES, FRANÇAISES ET ÉTRANGÈRES.

Conditions de la vente :

Elle se fera au comptant; les acquéreurs payeront 5 pour 100 en sus des adjudications.

On commencera à 1 heure précise.

CATALOGUE

DE

MONNAIES

ROMAINES, FRANÇAISES ET ÉTRANGÈRES

EN OR, ARGENT ET BRONZE.

DE

LIVRES DE NUMISMATIQUE ET D'ARCHÉOLOGIE

COMPOSANT LA COLLECTION

de feu **M. Grépinet,** ancien Directeur des Contributions,
à Châlons-sur-Marne,

DONT LA VENTE AUX ENCHÈRES PUBLIQUES

AURA LIEU

LES JEUDI 24, VENDREDI 25 ET SAMEDI 26 JANVIER 1861,

A UNE HEURE PRÉCISE,

HOTEL DES COMMISSAIRES-PRISEURS
RUE Drouot, 5 (salle n° 6)

Par le ministère de Me DELBERGUE-CORMONT, Commissaire-Priseur, r. de Provence, 8

Assisté de MM. ROLLIN et FEUARDENT, Experts, 12, rue Vivienne,
CHEZ LESQUELS SE DISTRIBUE LE CATALOGUE.

Exposition publique, de midi à une heure, chaque jour de vente.

PARIS

CHEZ ROLLIN ET FEUARDENT, RUE VIVIENNE, 12

M DCCC LXI

CATALOGUE

DE

MONNAIES

ROMAINES, FRANÇAISES ET ÉTRANGÈRES.

MÉDAILLES CONSULAIRES EN ARGENT.

1. Soixante sesterces. Tête de Mars. ℞. **Roma** Aigle sur un foudre. La marque monétaire derrière la tête de Mars. OR.
2. **Aburia. Acilia. Accoleia. Allia. Aelia. Aemilia. Afrania.** 10 p.
3. **Aemilia. Annia. Annia Æ. Apronia Æ. Antia,** RESTIO. Tête virile nue. 5 p.
4. **Antestia. Antonia.** LÉG. II, III, IV, V, VII, VIII, IX, X, XI. 11 p.
5. **Antonia.** LÉG. XIII, XV, XVI, XVII, XVIII. XIX, XX, XXI, XXII. 10 p.
6. **Antonia.** LÉG. VI. Restituée par Marc-Aurèle et Vérus. LÉG. XII antiquæ. — Quadrige. 3 p.
7. **Aquillia. Atilia. Aurelia.** 4 p.
8. **Axsia** UT NASO. Tête casquée. ℞. AXSIUS. F. Diane debout dans un bige de cerfs.
9. **Baebia. Caecilia. Calidia. Calpurnia.** 9 p.
10. **Carisia. Cassia.** 8 p.
11. **Caesia. Cipia. Claudia.** 9 p.
12. **Coelia. Considia. Cordia.** 9 p.
13. **Cornelia.** 12 p.

14. **Cossutia.** SABULA. Tête de Méduse à g. ℞. COSSUTI. C. F. Bellérophon sur Pégase.

15. **Crepereia.** Tête de Vénus Anadyomène. ℞. CREPEREI. Neptune dans un char d'hyppocampes.

16. **Crepusia. Critonia. Cupienna. Curiatia.** 6 p.

17. **Curtia. Decimia. Didia.** Centurion fouettant un soldat. 3 p.

18. **Domitia.** OSCA. Tête virile nue. ℞. Dom. cos. ter. Instruments de sacrifice.

19. **Domitia. Durmia. Egnatia. Egnatuleia.** 5 p.

20. **Eppia.** Tête de l'Afrique à d. ℞. Eppius. leg. f. c. Hercule au repos.

21. **Fabia. Fannia. Farsuleia. Flaminia.** 8 p.

22. **Fonteia. Fulvia. Fufia.** 5 p.

23. **Fufia. Fundania.** 2 p.

24. **Furia. Gellia. Herennia.** 5 p.

25. **Hirtia.** C. CAESAR COS. TER. Tête voilée de la Pieté à d ℞. A. HIRTIUS. PR. Lituus prœfericulum et hache. OR.

26. **Hosidia. Hostilia.** 4 p.

27. **Itia.** Les Dioscures à cheval.

28. **Julia.** 7 p.

29. **Julia.** 7 p.

30. **Junia.** 7 p.

31. **Junia. Licinia.** 4 p.

32. **Livineia.** Æ. **Livineia.** 4 p.

33. **Lollia. Lucilia. Lucretia.** 5 p.

34. **Lutatia. Maenia. Maiania. Mamilia. Manlia.** 6 p.

35. **Maria.** AUGUSTUS DIVI F. Tête nue d'Auguste dans une couronne de chêne. ℞. C. MARIUS. C. F. TRO. III. VIR. Prêtre voilé debout, tenant le simpulum. (Cohen, pl. XXVI, n. 6.)

36. **Maria. Marcia.** 6 p.

37. **Memmia. Mettia.** Tête de Jules César. ℞. M. METTIUS. Venus Nicéphore debout. 4 p

38. **Mettia.** CAESAR DICT. QUART. ℞. M. METTIUS. Junon Sospita dans un bige. (Cohen, pl. XXVIII, n. 4.)

39. **Minucia. Mussidia.** 5 p.

40. **Naevia.** 3 p.

41. **Nasidia.** NEPTUNI. Tête de Pompée. ℞. A. NASIDIUS. Galère à la voile. (Cohen, pl. XXIX, n. 1.)

42. **Neria.** NÉRI. Q. URB. Tête de Saturne. ℞. Aigle légionnaire entre deux enseignes. (Cohen, pl. XXIX.)

43. **Nonia. Norbana. Opeimia.** 4 p.

44. **Papia. Papiria.** 4 p.

45. **Pedania.** COSTA LEG. Tête de femme. ℞. BRUTUS IMP. Trophée avec bouclier et deux javelots. (Cohen, pl. XXX.)

46. **Petronia. Petillia. Pinaria. Plaetoria. Plancia.** 6 p.

47. **Plautia.** 7 p.

48. **Poblicia.** 4 p.

49. **Pompeia. Postumia.** 6 p.

50. **Pomponia.** Hercule Musagète. Calliope, Thalie, Uranie. 5 p.

51. **Pomponia.** Elio, Euterpe, etc., 4 p.

52. **Porcia.** 7 p.

53. **Postumia.** 5 p.

54. **Procilia. Quinctia. Renia. Roscia.** 6 p.

55. **Rubria. Rutilia. Rustia.** 6 p.

56. **Salvia.** Tête d'Auguste. ℞. Q. SALVIVS IMP. COS. DESIGN. Foudre.

57. **Sanquinia.** M. SANQUINIUS III VIR. Tête laurée jeune de Jules César. ℞. AUGUSTUS DIVI F. Tête nue d'Auguste (Cohen, pl. XXXVI, n. 1.)

58. **Satriena. Saufeia. Scribonia. Sempronia. Sentia.** 8 p.

59. **Sepullia.** Tête de Jules César. ℞. Vénus Nicéphore debout.

60. **Sergia. Servilia.** 6 p.

61. **Sestia.** L. Sesti pro. q. Tête voilée de la Liberté. ℞. Q. Caepio Brutus pro-cos. Trépied entre une hache et un simpulum (Cohen pl. XXXVIII, n. 1.)

62 **Sicinia. Silia Spurilia. Sulpicia.** 6 p.

63. **Terentia. Thoria. Titinia. Titia.** 7 p.

64. **Tituria. Trebannia. Tullia.** 6 p.

65. **Valeria. Vargunteia. Veturia.** 4 p.

66. **Vergilia.** Tête de Jupiter imberbe. ℞. Ver. car. ogul. Jupiter dans un quadrige (Cohen, pl. XL.)

67. **Vettia** SABINVS S. C. Tête de Tatius. ℞. VETTIUS JUDEX. Homme en toge dans un bige. (Cohen, pl. XL, n. 2.)

68. **Vibia.** 5 p.

69. **Vinicia**. Tête de la Concorde, CONCORDIÆ. ℞. L. VINICI. Victoire volant. (Cohen, pl. XLII, n. 1.)

70. **Vipsania.** IMP. CÆSAR DIVI JUL. F. Tête nue d'Octave. ℞. M. AGRIPPA COS. DESIG. dans le champ. (Pl. XLII, n. 3.)

71. **Voconia.** Tête de Jules César. ℞. Q. VOCONIUS, etc. Veau marchant. (Cohen, pl. XLII, n. 1.)

72. **Volteia-Urbinia.** 5 p.

73. Double denier. Denier, quinaire et sesterce, sans nom de famille. 6 p.

ROMAINES HAUT EMPIRE.

74. **Pompée.** PRAEF. CLAS, etc. Anapius et Amphinomus. (Cohen, n. 12.) AR.

75. **Jules César et Octave.** (Cohen, page 16, n. 2.) OR.

76. **Marc Antoine et Octave.** (Id., page 32, n. 4.) OR.

77. — — — AR.

78. **Marc Antoine.** ANTONIVS, etc. (Id., page 27, n. 51.) AR.

79. **Marc Antoine et Lucius Antoine.** (Id., p. 29. n. 1.) AR.

80. **Lépide et Octave.** (Id., page 22, n. 2.) AR.

81. **Auguste.** IMP. X. Taureau. (Cohen, n. 118.) OR.

82. — AVGVSTVS CAESAR. Tête nue à gauche, SIGNIS RECEPTIS. S. P. Q. R. Bouclier entre deux enseignes militaires. (Variété inédite.) OR.

83. — OB CIVES SERVATOS. Couronne. (Cohen, n. 4.) OR.

84. — COM. ASIAE. Temple. (Id., n. 34.) Beau médaillon. AR.

85. — **Tibère**. PONTIF. MAXIM. Livie assise. (Id., n. 1.) OR.

86. — **Nero Drusus.** DE GERM. Arc de Triomphe. (Id., n. 1.) OR.

87. **Antonia**. CONSTANTIAE, etc. Céres. (Cohen, n. 1.) Frottée. OR.

88. **Germanicus et Caligula.** (Id., n. 1.) OR.

89. **Agrippine mère et Caligula.** C. CAESAR AVG. PON. M. TR. POT. III. COS. III. Tête laurée de Caligula à droite. ℞. AGRIPPINA MAT. CAES. AVG. GERM. Son buste à droite. OR. Inédite.

90. **Caligula et Auguste.** (Cohen, n. 1.) OR.

91. — La même pièce. Fruste. AR.

92. **Claude.** IMPER. RECEP. Camp prétorien. (Cohen, n. 35.) OR.

93. PACI. AVGVSTAE. Victoire (Id., n. 48.) OR.

94. **Claude et Agrippine jeune.** (Id., n. 3.) OR!

95. **Néron et Agrippine jeune.** (Id., n. 2.) OR.

96. —— (Id., n. 3.) AR.

97. **Néron césar.** SACERD., etc. Instruments. (Id., n. 35.) OR.

98. —— EQVESTER. ORDO, etc. Bouclier. (Id., n 10.) AR.

99. **Néron, empereur.** AVGVSTVS, etc. Deux figures. (Cohen, n. 3.) OR.

100. —— IANVM CLVSIT, etc. Temple. (Id., n. 11.) OR.

101. —— IVPPITER CVSTOS. Jupiter. (Id., n. 14.) Fruste. OR.

102. —— PONTIF. MAX., etc. Cérès. (Id., n. 49.) OR.

103. —— SALUS. La Santé assise. (Id., n. 59.) Fruste. OR.

104. **Néro et Poppée.** (Potin d'Alexandrie.) Fruste. POT.

105. **Galba.** S. P. Q. R. OB. C. S. dans une couronne. (Cohen, n. 80.) Fruste. OR.

106. **Othon.** SECVRITAS P. R. La Sécurité. (Id., n. 13.) Fruste. OR.

107. — PAX ORBIS TERRARVM. La Paix. (Id., n. 2.) Fruste. AR.

108. **Vitellius.** VITELLIVS. IMP. GERMANICVS. Sa tête laurée à gauche. ℞. SECVRITAS IMP. GERMAN. La Sécurité assise à droite près d'un autel. (Cette curieuse médaille, peut-être unique, est citée par Cohen, seulement d'après Mionnet.) OR.

109. — CONCORDIA. P. R. La Concorde assise. (Cohen, n. 4.) AR.

110. **Vespasien.** COS. ITER TR. POT. La Paix debout. (Id., n. 33.) Belle pièce. OR.

111. —— La Paix assise (Id., n. 35.) OR.

112. — EX. S. C. Victoire. (Id., n. 79.) OR.

113. — TRIVMP. AVG. Quadrige. (Id., n. 197.) Belle. OR.

114. — IUDAEA. La Judée assise. (Id., n. 107.) OR.

115. **Titus, empereur.** AETERNITAS. L'Éternité debout. (Cohen, n. 1.) OR.

116. — COS. III. Rome assise. (Id., n. 28.) Fruste. OR.

117. — TR. P. VIIII. IMP. XIIII. Capricorne. (Id., n. 85.) OR.

118. **Julie, fille de Titus.** VENVS AVGVST. Vénus debout. (Id., n. 7.) Fruste. AR.

119. **Domitien césar.** COS. IIII. Corne d'abondance. (Cohen, n. 22.) OR.

120. — PRINCEPS IVVENTUTIS. L'Espérance. (Id., n. 203.) OR.

121. — Sans légende. Domitien à cheval. (Id., n. 274.) OR.

122. **Nerva.** CONCORDIA, etc. Deux mains jointes. (Id., n. 9.) OR.

123. **Trajan.** BASILICA VLPIA. Edifice. (Id., n. 18.) OR.

124. — FORVM TRAJAN. Edifice. (Id., n. 95.) OR.

125. — P. M. TR. COS. IIII. P. P. Hercule sur une base. (Cohen, n. 138.) OR.

126. — REGNA ADSIGNATA. Estrade et six figures. (Id., n. 206.) Belle. OR.

127. — S. P. Q .R. OPTIMO PRINCIPI. Aigle. (Id., n. 271.) OR.

128. **Plotine.** CAES. AVG, etc. Vesta assise. (Id., n. 1.) OR.

129 — La même médaille. Coulée. AR.

130. **Marciane.** CAES. AVG Matidie assise. (Id., n. 2.) Fruste. AR.

131. **Matidie.** PIETAS AVGVST. Matidie debout. (Id., n. 6.) Fruste. AR.

132. **Trajan et Trajan père.** Les deux têtes. (Cohen, n. 1.) Fruste. OR,

133. **Hadrien.** CONCORD. P. M. TR. P. COS. III. La Concorde assise. (Id., 113.) OR.

134. — COS. III. Hadrien à cheval. (Id , n. 173.) OR.

135. — COS. III. La Louve à gauche. (Id., n. 184.) OR.

136. — LIBERALITAS AVG. VII. La Libéralité. (Id., n. 307.) OR.

137. — P. M. TR. P. COS. III. Génie debout, à gauche, tenant une patère et des épis. (Variété inédite de Cohen, n. 384.) OR.

138. **Sabine.** CONCORDIA AVG. La Concorde assise. (Cohen, n. 2.) Belle. OR.

139. — Même revers. (Id., n. 4.) AR.

140. **Aelius césar.** CONCORD TRIB. POT. COS. III. La Concorde assise. (Id., n. 5.) OR.

141. — Même revers. (Id., n. 7.) AR.

142. **Antonin.** COS. III. L'Equité debout. (Id., n. 77.) OR.

143. — Même revers, mais avec TR. P. XIIII du côté de la tête. OR.

144. — COS. IIII. Antonin debout. (Cohen, n. 124.) OR.

145. — IMPERATOR II. Jupiter assis. (Id., n. 155.) OR.

146. — IOVI STATORI. Jupiter debout. (Id., n. 167.) OR.

147. — LIBERALITAS AVG. II. Estrade, trois figures. (Id., n. 175.) OR

148. — LIBERALITAS AVG. III. Même type. (Id., n. 176.) OR.

149. — LIBERALITAS VII. COS. IIII. La Liberalité debout. (Cohen, n. 185.) OR.

150. — TEMPORVM FELICITAS COS. IIII. Les deux enfants de Marc Aurele sur deux cornes d'abondance. (Cohen, n. 248.) OR.

151. — VOTA COS. III. Antonin debout. (Id., n. 353.) OR.

152. — VOTA SVSCEP., etc. Antonin debout. (Id., n. 359.) OR.

153. — PROVIDENTIAE DEORVM. Foudre. (Id., n. 231.) OR.

154. — TR. POT. XX. COS. III. Victoire à gauche. (Id., n. 327.)

155. **Antonin et Marc Aurèle, césar.** (Cohen, n. 7.) La tête nue de Marc Aurèle et non le buste. OR.

156. **Faustine mère.** AETERNITAS. La Fortune debout. (Cohen, n. 2.) Deux pièces, OR.

157. — AVGVSTA. Diane debout. (Id., n. 25.) OR.

158. — AVGVSTA. Cérès debout. (Id., n. 33.) OR.

159. — Même type. (Id., n. 36.) OR.

160. — AVGVSTA. La Fortune debout. (Id., n. 43.) OR.

161. — CONSECRATIO. Quadrige. (Id., n. 70.) Fruste, OR.

162. — VESTA. Vesta assise. (Id., n. 112.) OR.

163. **Marc-Aurèle, césar.** PIETAS. AVG. Instruments. (Id., n. 150.) OR.

164. — TR. POT. III. COS. II. La Foi debout. (Id., n. 214.) OR.

165. — TR. POT. VIIII. COS. II. Rome debout. (Id., n. 235.) OR.

166. **Marc-Aurèle, empereur.** FELICITAS, etc. La Félicité. (Id., n. 73.) OR.

167. — P. M. TRP. XVIII. Victoire. (Id., n. 156.) OR.

168. — PM. TRP. XX., etc. La Félicité. (Id., n. 172.) OR.

169. — SALVTI AVGVSTOR., etc. Hygiée debout. (Id., n. 196.) OR.

170. — Même type. (Id., n. 198.) OR.

171. **Faustine jeune.** CONCORDIA. Colombe. (Id., n. 21.) Belle. OR.

172. — IVNONI LVCINAE. Junon et trois enfants. (Id., n. 49.) OR.

173. — Même légende. Junon debout. (Id., n. 47.) OR.

174. — LAETITIAE PUBLICAE. La Joie debout. (Id., n. 57.) OR.

175. — SALVTI AVGVSVAE. Hygiée assise. (Id., n. 73.) OR.

176. — VENVS. Venus debout. (Id., n. 85.) Belle. OR.

177. **Lucius Verus.** CONCORDIA AVGVSTOR. TRP. II. COS. II. Deux figures (Id., n. 11.) OR.

178. — PROFECTIO AVG., etc. Vérus à cheval. (Id., n. 36.) OR.

179. — REX ARMEN., etc. Estrade et quatre figures. (Id., n. 39.) OR.

180. — SALVTI AVGVSTOR., etc. Hygiée debout. (Id., n. 41.) OR.

181. — TR. P. V. IMP. III. Verus à cheval. (Id., n. 66.) OR.

182. — TR. P. VII. IMP. IIII., etc. Victoire. (Id., n. 70.) OR.

183. **Lucile.** VOTA PVBLICA. Couronne. (Id., n. 30.) OR.

184. **Crispine.** Deux pièces. AR.

185. **Pertinax.** LAETITIA TEMPOR, etc. La Joie debout. (Cohen, n. 8.) OR.

186. — Id. OPI DIVIN. TR. P. COS. II. La Richesse. (Id., n. 13.) Fruste. AR.

187. **Dide Julien.** CONCORD MILIT. Fig. et deux Enseignes (Id., n. 2.) AR.

188. **Albin, césar.** IMP. TER. PAC. F., etc. Minerve. (Id., n. 26.) Fruste. AR.

189. **Albin, empereur.** VICT. AVG. COS. Victoire. (Id., n. 427.) Fruste.

190. **Septime Sévère.** VICT. PART. MAX. Victoire. (Id., n. 50.) Trouée, frottée.

191. — Deux pièces d'argent. AR.

192. **Septime Sévère et Domna.** (Cohen, n. 1.) Trouée. OR.

193. **Julia Domna.** Une pièce grand module. AR.

194. **Caracalla, empereur.** Une pièce grand module. AR.

195. **Plautille.** 2 pièces. AR.

196. **Geta césar.** 1 pièce. AR.

197. **Macrin.** 3 pièces. AR.

198. **Diadumenien.** 2 pièces, les deux revers. AR.

199. **Elagabale.** VICTORIA ANTONINI AVG. Victoire. (Cohen, n. 143.) Trouée. OR.

200. — 3 pièces variées. AR.

201. **Julia Paula.** CONCORDIA. La Concorde assise. (Cohen, n. 2.) AR.

202. **Aquilia Severa.** CONCORDIA. La Concorde debout. (Cohen, n. 6.) AR.

203. **Julia Soémias.** 2 pièces variées. AR.

204. **Julia Maesa.** 2 pièces variées. AR.

205. **Sévère Alexandre, empereur.** P. M. TR. P. II. COS. P. P. Hygie. (Cohen, n. 110.) Trouée. OR.

206. — 3 pièces variées. AR.

207. **Orbiana.** CONCORDIA AVG. La Concorde assise. (Cohen, n. 1.) AR.

208. **Mamée.** 2 pièces. AR.

209. **Maximin I.** 2 pièces. AR.

210. **Pauline.** CONSECRATIO. Paon. (Cohen, n. 1.) Frottée. AR.

211. **Maxime César.** PIETAS AVG. Vases. (Id., n. 1.) AR.

212. — PRINCIPI INVENTVTIS. Le prince debout. (Id., n. 4.) AR.

213 **Balbin.** CONCORDIA AUG. Deux mains jointes. (Id., n. 9.) AR.

214. **Pupien.** CARITAS, etc. Même type. (Id., n. 3.) AR.

215. — P. M. TR. P. COS. II. P. P. La Félicité. (Id., n. 16.) AR.

216. **Gordien III, empereur.** IMP. CAES. M. ANT. GORDIANVS AVG. Buste lauré à droite, avec le paludamentum. ℞. PAX AVGVSTI. La Paix debout à gauche. (Inédite.) Trouée. OR.

217. — PIETAS AVGVSTI. La Piété debout. (Cohen, n. 74.) Trouée. OR.

218. — 2 pièces variées. AR.

219. **Philippe père.** LAETIT. FUNDAT. La Joie debout. (Cohen, n. 32.) Trouée. OR.

220. — 5 pièces variées. AR.

221. **Otacille.** 5 pièces variées. AR.

222. **Philippe fils, césar.** 2 pièces variées. AR.

223. **Philippe fils, empereur.** 2 pièces variées. AR.

224. **Trajan Dèce.** VICTORIA AVG. Victoire. (Cohen, n. 50.) Trouée. OR.

225. — 4 pièces variées. AR.

226. **Etruscille.** PVDICITIA AVG. La Pudeur assise. (Cohen, n. 11.) Trouée. OR.

227. — 3 pièces variées. AR.

228. **Herennius césar.** PRINCIPI IVVENTVTIS. Herennius debout. (Cohen, n. 14.) Trouée. OR.

229. — 4 pièces variées. AR.

230. **Hostilien césar.** MARTI PROPVGNATORI. Mars. (Cohen, n. 11.) AR.

231. **Trebonien Galle.** 3 pièces variées. AR.

232. **Volusien, empereur.** 3 pièces variées. AR.

233. **Aemilien.** 3 pièces variées. AR.

234. **Valérien père.** VICTORIAE. AVGG. Bige 1/2 sol. (Cohen, n. 146.) Trouée. OR.

235. — 3 médailles variées. AR.

236. **Mariniana.** 3 id., id. AR.

237. **Gallien.** VBIQVE PAX. Bige. (Cohen, n. 545.) Trouée. OR.

238. — VIRTVS AVG. Mars marchant. Quinaire. (Cohen, n. 648.) Trouée. OR.

239. — GALLIENVS AVG. Buste lauré de Gallien à droite avec le paludamentum. ℞. AETERNITAS AVG. Le Soleil radié, debout à gauche, la main droite levée, un globe dans la gauche. 6e partie du sol d'or. OR.

240. — 11 pièces des légions. AR.

241. **Auguste.** CONSECRATIO. Autel. AR.

242. **Vespasien.** Id. Autel et Aigle, les 2 pièces. AR.

243. **Titus.** Id., id. AR.

244. **Trajan.** Id. Autel. AR.

245. **Hadrien.** Id., id. AR.

246. **Antonin.** Id. Autel et Aigle, les 2 pièces. AR.

247. **Marc Aurèle.** Id. Autel. AR.

248. **Commode.** Même type. AR.

249. **Septime Sévère.** Id. AR.

250. **Alexandre Sévère.** Les deux types. AR.

251. **Salonine.** FELICITAS PVBLICA. La Félicité assise. (Cohen, n. 37.) Fruste, trouée. OR.

252. — 3 pièces variées. AR.

253. **Salonin, césar.** 4 pièces variées. AR.

254. **Valérien jeune, empereur.** 2 id. AR.

255. **Postume père.** POSTVMVS AVG. Buste casqué à gauche. ℞. PROVIDIDENTIA AVG. La Providence debout à gauche. (Quinaire d'une très-belle fabrique.) OR.

256. — 18 pièces variées. Billon.

257. **Marius.** 3 pièces. P. B.

258. **Victorin père.** VICTORIA AVG. Victoire, fausse pièce d'or du temps, et 2 autres pièces. P. B.

259. **Tetricus, Claude II. Quintille.** 6 pièces variées. P. B.

260. **Aurélien.** VIRTVS ILLYRICI. Mars à droite. Trouée. OR.

261. — GENIVS ILLYR. Génie debout à gauche, enseigne, fruste, trouée. OR.

262. — 3 pièces variées. P. B.

263. **Sévérine.** 2 pièces variées. P. B.

264. **Tacite.** ROMAE AETERNAE. Rome Nicéphore assise. Trouée. OR

265. **Probus.** CONSERVAT. AVG. Le Soleil debout. Trouée, fruste. OR.

266. — SECVRITAS SAECVLI. La Sécurité assise. Id., id. OR.

267. — VICTORIAE AVG. Victoire dans un quadrige. Trouée. OR.

268. — 7 pièces variées. P. B.

269. **Carus.** PAX AVG. La Paix marchant à gauche. Fruste, trouée. OR.

270. **Numérien, empereur.** VIRTUS AVGG. Hercule Farnèze. OR.

271. **Carinus, césar.** PAX AETERNA. La Paix allant à gauche. (Fleur de coin.) OR.

272. **Carinus, empereur.** 2 pièces variées. P. B.

273. **Magnia Urbica.** VENERI VICTRICI. Vénus debout. Fruste, trouée. OR.

274. **Dioclétien.** FATIS VICTRICIBVS S. C. Les trois Parques debout. OR.

275. — IOVI CONSERVATORI ORBIS. Jupiter debout à gauche. Trouée. OR.

276. — ROMAE AETERNAE. Rome assise à gauche, trouée. OR.

277. — VIRTVS MILITVM B. Quatre figures devant la castre. AR.

278. **Maximien Hercule.** VIRTVS AVG. N. N. Maximien à cheval combattant deux ennemis. Fruste, trouée. OR.

279. — VIRTVS MILITVM. T. S. A. Porte d'un camp. AR.

280. — Id. Quatre figures devant la castre. AR.

281. **Constance Chlore, césar.** VIRTVS ILLYRICI. TR. Constance à cheval au-dessus d'une galère avec quatre rameurs. OR.

282. — VIRTVS MILITVM. Quatre figures devant la castre. AR.

283. **Constance Chlore, empereur.** IOVI CONSERVATORI AVGG. S. M. T. Jupiter debout à gauche. Trouée. OR.

284. **Hélène.** 4 pièces. P. B.

285. **Theodora.** 4 pièces. P. B.

286. **Galère Maximien, césar.** SOLI INVICTO. N. K. S. M. N. Le Soleil debout. Trouée. OR.

287. **Galère, empereur.** IOVI CONSERVATORI N. K. S. M. N. Jupiter debout, trouée. OR.

288. **Sévère II, césar.** PRINCIPI IVVENTVTIS. S. M. S. D. Sévère debout à gauche tenant un globe appuyé sur la haste ; derrière lui, deux enseignes. OR.

289. **Licinius père.** CONSVL. D. D. N. N. S. M. T. S. Licinius à gauche tenant un sceptre et un globe. OR.

290. — IOVI CONS. A. LICINI AVG. Jupiter assis sur une base, sur laquelle on lit : SIC. X. SIC. XX. A l'exergue, ANT. OR.

291. — SIC. X. SIC. XX. Sur un bouclier. S. M. H. B. OR.

292. **Licinius fils, césar.** 2 pièces variées. P. B.

293. **Constantin I, césar.** VIRTVS MILITVM. R. T. Porte d'un camp. (Très-belle.) AR.

294. **Constantin I, empereur.** VICTORIA CONSTANTINI AVG. Victoire tenant un bouclier. S. I. S. OR.

295. — VIRTVS EXERCITVS GALL. TR. Mars entre deux captifs. Fruste, trouée, OR.

296. — CONSTANTINVS AVGVSTVS. Victoire à gauche. AR.

297. — 8 pièces variées. P. B.

298. **Fausta.** 1 pièce. P. B.

299. **Crispus, césar.** 6 pièces. P. B.

300. **Constantin II, césar.** PRINCIPI IVVENTVTIS. Le Prince entre trois enseignes. CONS. OR.

301. **Constans, césar.** Même légende et même type. TR. OR.

302. **Constans I, empereur.** OB. VICTORIAM TRIVMFALEM. Deux Victoires soutenant un bouclier. VOT. X. MVLT. XV, à l'exergue, TR. Très-belle pièce. OR.

303. — VOTIS XXV. MVLTIS XXX. Dans une couronne. S. M. N. AR.

304. **Constance II, césar.** 4 pièces variées. P. B.

305. **Constance II, empereur.** GLORIA REIPVBLICAE. Deux femmes tourelées soutenant un bouclier avec VOT. XXX. MVLT. XXXX. S. M. N. O. OR.

306. — SECVRITAS REIPVBLICAE TR. La Sécurité debout appuyée sur une colonne. OR.

307. — 2 pièces d'argent variées. AR.

308. **Magnence.** VICTORIA AVG. LIB. ROMANOR. S. M. A. O. Deux figures soutenant un trophée. OR.

309. — VICTORIA CAES. LIB. ROMANOR. TR. Même type. OR.

310. **Julien II, empereur.** VIRTUS EXERCITVS ROMANI. TES. Mars emmenant un captif. OR.

311. **Jovien.** SECVRITAS REIPUBLICAE. Deux figures soutenant un bouclier. VOT. V. MVL. X. ANTS. OR.

312. **Valentinien I.** RESTITVTOR REIPBVLICAE. ANT. A. L'empereur debout. OR.

313. — Une pièce. AR.

314. **Valens.** RESTITUTORI REIPVBLICAE S. M. N. E. L'empereur debout. OR.

315. **Gratien.** CONCORDIA AUGGG. N. COMOB. Rome assise. OR.

316. **Valentinien II.** VICTORIA AUGGG. TR. OB. S. Deux empereurs soutenant une Victoire. OR.

317. **Théodose I.** VIC, etc. S. M. COMOB. L'empereur foulant un captif. OR.

318. — VIC, etc. CON. Deux empereurs soutenant la Victoire. OR.

319. **Magnus Maximus.** — — AVG. OB. Même type, OR.

320. — VIRTUS ROMANORVM T. R. P. S. Rome assise. AR.

321. **Victor.** —— M. D. P. S. Même type. AR.

322. **Eugène**. VICTORIA AVGG. M. D. CON. Deux empereurs soutenant la Victoire. OR.

323. **Arcadius.** VICTORIA AVGGG. M. D. COMOB. L'empereur foulant un captif. OR.

324. **Honorius.** Même légende et même type. 3 pièces. OR.

325. VIC, etc. OR.

326. **Galla Placidia.** VOT. XX. MVLT. XXX. A. Q. COMOB. Victoire à gauche. OR.

327. **Constantin III.** VICTORRA AVGGG. L. D. CCMOB. L'empereur foulant un captif. OR.

328. **Jovin.** RESTITVTOR REIP. TR. OBS. Même type. OR.

329. —— KONT. Rome assise. Fruste. AR.

330. — VICTORIA AVGGG. TR. OB. Même type. Fruste. AR.

331. — **Priscus Attalus.** INVICTA ROMA AETERNA R. M. COMOB. Rome assise de face. OR.

332. **Théodose II.** CONCORDIA AVGG COMOB. Même type. OR.

333. — IMP. XXXXII. COS. XVII. P. P. COMOB. Même type. OR

334. — **Eudoxie.** SALVS REIPUBLICAE COMOB. Victoire assise sur des dépouilles. OR.

335. — Sine épig. Croix dans une couronne. COM. OB. Quinaire. OR.

336. **Jean Tyran.** VICTORIA AVGGG R. V. COM. OB. L'empereur foulant un captif. OR.

337. **Valentinien III.** VICTORIA AVGGG. Même type. 3 pièces. OR.

338. — Sine epig. Croix dans une couronne. COM. OB. Quinaire. OR.

339. — VICTORIA AVGGG. COM. OB. Victoire à gauche. Quinaire. OR.

340. **Marcien.** VICTORIA AVGVSTORVM COM. OB. Victoire. Quinaire. Trouée. OR.

341. **Pulchérie.** Sine epig. COM. OB. Croix dans une couronne. Quinaire. OR.

342. **Avitus.** VICTORIA AVGGG. A. R. COM. OB. L'empereur foulant un captif. (Belle pièce.) OR.

343. **Léon I.** Id. N. COM. OB. Victoire à gauche. OR.

344. **Majorien.** Id. A. R. COM. OB. L'empereur foulant un captif. OR.

345. **Sévère III.** Id. M. D. Id. Même type. OR.

346. **Authemius.** SALVS REIPUBLICAE. Deux empereurs debout soutenant un globe. OR.

347. **Léon II et Zénon.** VICTORIA AVGVSTORVM COM. OB. Victoire. Quinaire, trouée et martelée. OR.

348. **Zénon.** VICTORIA AVGGG. COM. OB. Victoire debout à gauche. OR.

349. — Sine epig. Croix dans une couronne. COM. OB. Quinaire 2 pièces. OR.

350. **Basiliscus.** Même type. Quinaire. OR

351. **Leontius.** VICTORIA AVGV. COM. OB. Victoire de face tenant une croix chrismée. OR.

352. **Anastase.** VICTORIA AVGGG. A. (Saulcy, pl. I, fig. 1.) 2 pièces. OR.

353. **Justin I.** Id. (Id., pl. I, fig. 7.) OR.

354. **Justinien I.** Id. (Id., pl. II, fig. 3.) 3 pièces. OR.

355 — 3 autres pièces à légendes barbares. OR.

356. — 2 quinaires. (Id., pl. II, fig. 4.) OR.

357. **Justin II.** VICTORIA AVGGG. P. CONOB. Rome assise de face. OR.

358. **Athalaric.** D. N. ATHALARICVS REX. En 4 lignes. AR.

359. **Theodoric.** INVICTA ROMA. Dans le champ monogramme de Théodoric. AR.

360. **Tibère Constantin.** VICTORIA, etc. (Saulcy, pl. III, n. 6. OR.

361. — Id. (Id., pl. III, n. 7.) Trouée. OR.

362. **Maurice Tibère.** Id. (Id., pl. IV, n. 3.) OR.

363. **Phocas.** Id. (Id., pl. V, n. 1.) OR.

364. **Héraclius I.** Id. (Id., pl. VI, n. 1.) OR.

365. **Héraclius I et II.** Id. (Id., pl. VII, n. 3.) OR.

366. **Héraclius I. Héraclius II, et Héracléonas.** Id. (Id., pl. VIII, n. 5.) OR.

367. **Constant II.** Id. (Pl. IX, n. 11, buste jeune.) OR.

368 **Constant II et ses trois fils.** (Pl. X, n. 2.) OR.

369. **Constantin IV.** VICTORIA. ETC. (Pl. XI, n. 6.) OR.

370. **Justinien II.** Id. (Pl. XII, n. 1.) OR.

371. — Id. (Id., n. 3.) OR.

372. **Théodose Adramitène.** D. N. THODOSIV. AVG. Buste de face tenant le globe Crucigère. ℞. VICTORI. AVG. A. COM. OB. Croix sur 3 degrés accostée d'une étoile et d'une L. Sol d'OR.

373. **Constantin Copronyme et Léon Chazare.** (Saulcy, pl. xiv, n. 7.) OR.

374. **Michel le Buveur et Constantin.** (Id., pl. xviii, n. 4.) OR.

375. **Basile le Macédonien et Constantin.** (Id., pl. xix, n. OR.

376. **Constantin Porphyrogénète et Romain II.** (Id., pl. xxi, n. 1.) OR.

377. **Jean I. Zimisces.** (Id., pl. xii, n. 2.) OR.

378. **Constantin XI. Porphyrogénète.** (Id., pl. xxiii, fig. 7.)

379. **Romain III. Argyre.** (Id., id., fig. 8.) OR.

380. **Constanttn XII. Monomaque.** (Id., id., fig. 9.) Trouée. OR.

381. — Id. Variété sans les étoiles. Id. OR.

382. **Constantin, XIII. Ducas.** (Saulcy, pl. xxiv, n. 5.) Id. OR.

383. **Romain, Eudocie, Michel, Constantin, et Andronic.** (Id., pl. xxv, n. 4.) Id. Fruste. OR.

384. **Michel VII. Ducas.** (Id., pl. xxv, n. 8.) OR.

385. **Alexis I. Comnène.** (Id., pl. xxvi, n. 11.) OR.

386. **Jean Comnène.** (Id., pl. xxvii, n. 2.) OR.

387. **Manuel Comnène.** (Id., pl. xxviii, n. 2.) AR.

388. **Isaac l'Ange.** Type de la Vierge et de l'empereur debout, Fruste. OR.

389. **Michel Paléologue.** (Saulcy, pl. xxxii, n. 1.) OR.

GAULOISES.

390. 2 pièces d'or variées. OR.

391. 5 pièces d'or id. AR.

392. 14 pièces id. POT.

FRANÇAISES ROYALES.

393. **Anastase et Gondebaud.** ℞. VICTORIA, etc. Victoire, devant le monogramme de Gondebaud. Quinaire. OR.

394. **Justinien.** Avec le monogramme armoricain, id. OR.

395. **Anastase et Chlodomir.** Frappée à Orléans? D. N. ANICTASIVS. TI. AVG. Buste drapé à droite. ℞. VICTORI. AVGVSTO. NI. Victoire de face, dessous. AVR. A. Quinaire. OR.

396. TOIMANDA. Profil à droite. ℞. MARCIMAC. Croix ancrée. Quinaire. OR.

397. **Charlemagne.** CAROLVS. En deux lignes. ℞. MEDOLVS. O. Denier.

398. **Louis le Débonnaire.** XPISTIANA RELIGIO. 4 pièces. Denier.

399. **Charles le Chauve.** LVGDVNI CLAVATI. Laon. Denier.

400. — LINGONIS CIVIS. Langres. Denier.

401. **Lothaire et Léon IV.** S. C. S. PETRVS. Monogramme du Pape. Denier.

402. **Louis le Bègue.** TVRONES CIVITAS. Croix. Denier.

403. **Eudes.** TOLOSA CIVI. Quatre annelets. Denier.

404. — TVRONES CIVITAS. Croix. Denier.

405. — ANDEGAVIS CIVITAS. Id. Denier.

406. **Charles le Gros.** XPISTIANA RELIGIO. Temple. Denier.

407. — ARELA CIVIS. Monogramme, 2 pièces. Denier.

408. **Charles le Simple.** METVLLO? Monogramme. Denier.

409. — Id. En deux lignes. Denier.

410. **Louis III.** METVLLO. Croix. Obole.

411. **Lothaire roi.** Bourges, les 2 types. Denier.

412. **Louis IV?** LINGONIS CIVIS. Croix. Denier.

413. **Robert et Adalbéron.** Les deux têtes. Fruste. Denier.

414. **Philippe I.** Orléans. Fruste. Denier.

415. **Louis, VI.** Pontoise, Orléans, Mantes, Etampes, Senlis. Deniers.

416. **Louis, VII.** Bourges. Denier.
417. **Philippe II.** Arras, Paris, Montreuil. Denier.
418. **Louis IX.** Gros tournois. AR.
419. **Philippe III.** Masse. OR.
420. — Demi-masse. OR.
421. **Philippe IV.** Gros tournois, 7 pièces. AR.
422. **Charles IV.** Royal. OR.
423. **Louis X.** Aignel. OR.
424. **Philippe V.** Id. OR.
425. **Philippe VI.** Chaise. OR.
426. — Royal OR.
427. — Écu. OR.
428. **Jean II.** Mouton. OR.
429. — Royal. OR.
430. — Franc à cheval. OR.
—Gros à la queue. AR.
432. **Charles V.** Royal. OR.
433. — 4 blancs et deniers. Billon.
434. **Charles VI.** Écu à la couronne. OR.
435. — Royal. OR.
436. **Henri IV.** Angelot au différent de la couronne. OR.
437. — Saluts, au Léopard, Agneau, Couronne, et au Lys. OR.
438. — **Charles VII.** Aignel. OR.
439. **Charles VII.** Écu accosté de deux lys. OR.
440. **Louis XI.** Écu à la couronne. OR.
441. **Charles VIII.** Écu et demi-écu. OR.
442. **Louis XII.** Écu aux deux lys pour accostement. OR.
443. — Écu de Provence. OR.
444. — Écu aux porc-épics dressés. OR.
445. — Écu de Bretagne aux deux hermines accostant l'écu. OR.
446. — Demi-teston, LVDOVICVS, etc. Buste à la toque. ℞. XPS, etc. Écusson couronné. AR.

447. — Teston de Milan. ℞. Saint Ambroise à cheval. AR.

448. **François I.** Écu à la croisette. OR.

449. — Écu au Soleil, deux pièces variées. OR.

450. — Demi-écu au Soleil. OR.

451. — Écu de Bretagne. OR.

452. — 2 écus du Dauphiné, variés. OR.

453. — 3 testons au béret. AR.

454. **François II et Marie Stuart.** Teston. F. M. enlacées. AR.

455. **Henri II.** Henri aux quatre H. OR.

456. — 8 testons et un demi-teston. AR.

457. **Charles IX.** 3 écus au soleil, variés. OR.

458. — 6 testons. AR.

459. **Henri III.** Ecu au soleil. OR.

460. — 10 francs, demi-franc, quart de franc et huitième. AR.

461. — 2 testons. AR.

462. **Charles X.** Ecu au soleil. OR.

463. — 3 quarts de franc. AR.

464. **Henri IV.** Ecu aux quatre H en croix. OR.

465. — 3 testons et demi-teston. AR.

466. — 16 quarts de franc et huitième de franc. AR.

467. **Louis XIII.** 5 écus et demi-écu. OR.

468. — 9 quarts d'écu et huitième d'écu. AR.

469. — 4 louis et demi-louis. OR.

470. **Louis XIV.** Lys. (Bessy Journet, n. 9.) OR.

471. — Louis. (Bessy Journet, n. 7.) OR.

472. — Louis. (Bessy Journet, n. 20.) OR.

473. — Demi-louis. (Bessy Journet, n. 24.) Fruste. OR.

474. — Ecu. (Bessy Journet, n. 50.) AR.

475. — Demi-écu, un quart et douzième. (Bessy Journet, n. 51, 52 et 53.) 4 pièces. AR.

476. — Ecu et demi-écu. (Bessy Journet, n. 62 et 63.) 2 pièces. AR.

477. — Ecu, demi-écu et dixième d'écu. (Bessy Journet, n. 94, 95 et 97.) 5 pièces. AR.

478. — Ecu. (Bessy Journet, n. 155). AR.

479. — Ecu et demi-écu. (Bessy Journet, n. 85 et 86.) 3 pièces. AR.

480. — Ecu, demi-écu et douzième d'écu. (Bessy Journet, n. 81, 82 et 84.) 3 pièces. AR.

481. — Ecu, demi-écu et quart d'écu. (Bessy Journet, n. 76, 77 et 78.), 4 pièces. AR.

482. — Demi-écu. (Bessy Journet, n. 96.) 1 pièce. AR.

483. — Ecu. (Bessy Journet, n. 111.) 1 pièce. AR.

484. — 20 sols, 10 sols, 5 sols. (Bessy Journet, n. 162, 163 et 164.) 3 pièces. AR.

485. — Ecu. (Bessy Journet, n. 170.) 1 pièce. AR.

486. **Louis XV**. Louis aux deux L enlacées OR.

487. — Louis et demi-louis à l'écusson à lunettes. 2 pièces. OR.

488. — Double louis et louis aux longs cheveux. 2 pièceès. OR.

489. — Ecu à écusson rond au buste enfantin. AR.

490. — Ecu et demi-écu au buste aux longs cheveux. AR.

491. **Louis XVI.** Louis de 1774. Ecusson à lunettes. OR.

492. — Louis de 1786. Deux écussons carrés. OR.

493. — Série de l'écu de Louis XVI. 5 pièces. AR.

494. — Id. de l'écu constitutionnel. 4 pièces. AR.

495. **République**. Louis de 24 livres. 1793. OR.

496. **Républque**. 7 pièces d'argent et de cuivre.

497. **Napoléon Ier**. 15 pièces d'argent et de cuivre.

498. **Marie-Louise** 6 pièces d'argent.

499. **Jérôme Napoléon.** Pièce de 10 thalers. 1812. OR.

500. — 3 pièces de 20 et de 10 francs. OR.

501. — X. ST.. EINE MARK F. OR.

502. **Louis Napoléon.** Ducat de Hollande. OR.

503. — 50 STUIVERS. AR.

504. **Murat, grand duc de Berg.** Thaler 1807. OR.

505. — Roi de Naples. 5-2 et une lire. 3 pièces. OR.

506. **Joseph Napoléon. Espagne.** 80 réaux.

507. — 20 réaux.

508. — Sicile. 120 grani. OR.

509. **Louis XVIII.** 10 pièces argent et cuivre.

510. **Charles X.** 5 pièces argent et cuivre.

511. **Henri V.** 5 francs et 1 franc. AR.

512. **Louis Philippe Ier.** 30 pièces. Or, argent et cuivre.

513. — Série d'essais, 8 pièces. Cuivre.

OBSIDIONALES.

514. **Tournay.** M. de Surville. 20 sous. AR.

515. **Cambray.** 1581. V. P. Cuivre.

516. **Aire.** 50 sous. AR.

517. **Cattaro.** 5 francs. AR.

518. **Maestricht.** 100 stuivers. AR.

519. **Barcelone.** 5 pesetas. 1809. AR.

520. **Iles de France.** DIX LIVRES. 1810. AR.

521. **Luxembourg.** LXXII ASSES. 1795. AR.

MONNAIES SEIGNEURIALES.

522. MAINE. **Herbert II.** Poey-d'Avant, pl. XXIX, n. 16. Denier.

523. VENDOME. **Jean IV.** Poey-d'Avant, pl. XXXVI, n. 15. Denier.

524. CHATEAUDUN. Anonyme. Poey-d'Avant, pl. XXXVII, n. 18, Obole.

525. SANCERRE. **Etienne II.** Poey-d'Avant, tome 1, n. 2004. Denier.

526. — Anonyme. Poey-d'Avant, pl. XLIII, n. 7. Obole.

527. BEARN. **Antoine et Jeanne.** Poey-d'Avant, pl. LXXIII, n. 16. Denier.

528. — **Jeanne d'Albret.** Poey-d'Avant, pl. LXXIV, n. 4. Teston.

529. — **Henri II d'Albret.** Poey-d'Avant, pl. LXXIV, n. 18.

530. — — 1578. Poey-d'Avant, pl. LXXV, n. 3.

531. — — Poey-d'Avant, pl. LXXV, n. 12.

532. — — Poey-d'Avant, pl. LXXV, n. 14.

533. PROVENCE. **Jeanne.** Poey-d'Avant, pl. XC, n. 10. Ecu d'or.

534. COMTAT VENAISSIN. **Paul III.** Poey-d'Avant, tome 2, n. 4287.

535. ORANGE. **Maurice.** Poey-d'Avant, pl. C, n. 4. Teston.

536. DOMBES. **Jean.** Denier de billon.

537. — **Louis.** Teston.

538. — **Henri.** Teston. Buste à gauche.

539. — **Gaston.** Grand écu de 1652.

540. — **Anne Marie.** Demi-écu de 1673.

541. BOURGOGNE. **Robert II.** R. DVX. BVR. DIE. Ecusson aux armes. Denier.

542. — **Hugues V.** VGO. DVX. BVRG. DIE. Double crosse. Denier

543. — **Jean sans Peur.** IOHANNES, etc. Ecu écartelé. Blanc de billon.

544. — **Philippe III. Le Bon.** PHILIPVS, au-dessus des deux écussons. Blanc de billon.

545. — — Blanc à l'écusson écartelé.

546. FRANCHE-COMTÉ. *Ville de Besançon.* (Plantet, pl. X, n. 2.) Quart de daldre.

547. CHAMPAGNE. *Meaux.* **Gauthier I.** Dextre bénissante. Denier. Fruste.

548. — — **Burcard.** Main tenant la crosse. Denier.

549. — — **Etienne de la Chapelle.** Tête de profil. Denier.

550. — — **Pierre I.** Tête mitrée. Denier.

551. — *Troyes.* **Henri I.** Monogramme. Denier.

552. — — **Henri II.** Monogramme. Deniers. 4 pièces.

553. — — **Thibault IV.** Monogramme. Denier.

554. — — **Thibault V.** Monogramme. Denier.

555. — *Provins.* **Henri I ou II.** Peigne. 2 pièces. Denier.

556. — — **Thibault IV.** Peigne, surmonté de tours. Denier.

557. — *Reims.* **Guy de Chatillon.** Avec VITA XPISTIANA. Croix. Denier.

558. — — **Samson.** SAMSON en 2 lignes. Denier.

559. — — **Henri I.** 2 pièces. Denier.

560. — — **Guillaume I ou II.** 2 pièces Denier.

561. — — **Albéric ou Aubry.** Denier.

562. — — **Henri II.** 2 pièces. Denier.

563. CHAMPAGNE. *Chalons* , **Guillaume V du Perche.** Denier.

564. — *Porcien*, **Gaucher de Chatillon.** Esterlin.

565. — *Chateau-Renaud* , **François de Bourbon** et **Louise-Marguerite de Lorraine.** F. BOURB. L. MARGARETA. LOTH. Buste fraisé à droite. ℟. IN. OMNEM. TER. SONVS. EORVM. Écusson mi-partie de France et Lorraine. OR.

566. — *Bouillon et Sédan*, **Henri de la Tour.** Grand écu d'argent, 1613.

567. — *Rethel.* **Charles V de Gonzague.** Grand écu, 1614.

568. LORRAINE. **Jean I.** IOHANNES DVX LOTH. Écusson de Lorraine. ℟. MONETA NANCEI. Épée entre deux roses. Denier de bas billon.

569. — **Charles V.** Saulcy, pl. VIII, n. 3. AR.

570. — **René V.** — Pl. XII, n. 2. AR.

571. — **Anthoine.** — Pl. XV, n. 16, 1531. Teston AR.

572. — —— n. 12, 1524. Quart de teston. AR.

573. — **François I.** — Pl. XVII, fig. 4. Denier de billon.

574. — **Charles VI.** — Pl. XIX, n. 7. Teston.

575. —— Pl. XXI, n. 4. Teston.

576. —— Pl. XXIII, n. 6. Teston.

577. — **Louise-Marguerite.** LVDOVICA MARGAR. LOTO. Écussons de Lorraine et de Bar sous une couronne G pour différent ℟. IN OMNEM. TERR. SONVS. EOR. Alerion couronné. Denier de billon.

578. — **Henri.** Saulcy, pl. XXV, fig. 2. Teston.

579. — **François V.** — Pl. xxvi, fig. 3. Teston.

580. — **Charles IV.** — Pl. xxvii, fig. 10, 1663. Teston.

581. —— Pl. xxviii, fig. 1, 1663. Demi-teston.

582. — **Léopold.** — Pl. xxxi, fig. 9, 1719. Demi-écu.

583. — **François VI.** — Pl. xxiv, fig. 8, 1736. Pièce fleur de coin.

584. — *Évêché de Metz.* 4 pièces d'argent variées.

585. ALSACE. *Strasbourg.* Bracteate au lys et deux autres pièces. AR.

586. —— Grand écu au grand lys. AR.

587. —— Demi-écu de 1683. AR.

588. — **Charles de Lorraine.** Teston AR.

589. — **François Egon de Furstemberg.** Demi-écu de 1668. AR.

590. — **Louis-Constantin de Rohan.** Écu de 1759. AR.

591. —— Quart d'écu de 1770. AR.

592. —— Pièces de vi et de xii thalers du même. AR.

593. — *Colmar.* Demi-écu de 1670. AR.

594. — *Thann.* **Ferdinand V.** 12 kreutzers. AR.

595. — *Neufchâtel,* **Henri V.** Petite pièce d'argent au buste du prince. AR.

596. —— **Marie.** — à la tête voilée de la princesse. AR.

597. PICARDIE. *Laon.* **Louis XV** et **Gauthier de Mortagne.** Denier.

598. —— **Philippe-Auguste** et **Roger de Rosoi.** Denier.

599. — *Ponthieu.* **Guy I.** Denier.

600. —— **Guillaume VI.** Denier.

601. — *Vermandois.* **Éléonore.** Denier.

602. — *Calais.* **Henri V d'Angleterre.** Gros d'argent.

603. — *Cambrai.* **Maximilien de Bergues.** Écu. AR.

604. HAINAULT. **Marguerite de Constantinople.** Chalon, pl. ii, n. 13. Gros d'argent.

605. — **Guillaume I.** — Pl. v, n. 50. Gros d'argent.

606. — **Guillaume IV.** — Pl. XIV, n. 101. Plaque de billon.

607. FLANDRE. **Louis X.** Franc à cheval. Den Duits, pl. IV, n. 34. OR.

608. —— Réal au lion. — Pl. V, n. 36. OR.

609. — **Philippe le Bon.** Cavalier. — Pl. XI, n. 65. OR.

610. BRABANT. **Jean VI.** — Pl. VI, n. 53. Gros de billon.

611. — **Charles-Quint.** — Pl. XVII, n. 105. Réal d'or.

612. ——— Pl. XVII, n. 106. Demi-réal d'or.

MONNAIES ÉTRANGÈRES.

613. ANGLETERRE. **Henri VII.** Angel. OR.

614. — **Élisabeth.** Schelling. AR.

615. — **Charles Ier.** 5 schellings. OR.

616. — **Jacques Ier.** Guinée. OR.

617. — **Cromwell.** Écu. 1658. AR.

618. — **Georges Ier.** 5 schellings. OR.

619. — **Anne.** Couronne. AR.

620. — **Georges V.** 5 guinées. OR.

621. — **Guillaume IV.** Couronne. AR.

622. — **Georges IV.** Souverain et 3 demi-souverain. OR.

623. — **Georges III.** 5 schellings. AR.

624. — **Georges IV.** Souverain, demi-souverain, 4 p. OR.

625. —— Couronne, demi-couronne, 2 p. AR.

626. — **Guillaume IV.** Souverain. OR.

627. — **Victoria.** Souverain, demi-souverain, 2 p. OR.

628. SARDAIGNE. **Victor-Amédée III.** 1786. Pistole. OR.

629. — **L'Italie** délivrée à Marengo, 20 fr., l'an 9. OR.

630. — **Gaule** subalpine. 5 fr., l'an 9. AR.

631. — **Victor-Emmanuel.** 5 lire 1817. AR.

632. — **Charles-Félix.** 80 lire 1825. OR.

633. —— 40 lire 1831. OR.

634. —— 20 lire 1825. OR.

635. —— 5 lire, 2 lire 1826, 2 p. AR.

636. — **Charles-Albert.** 20 lire or. 5 lire arg. 2 p.

637. — **Honoré II** de Monaco. 1652. Écu. AR.

638. — **Honoré V.** 1837. 5 fr. AR.

639. MILAN. **Philippe-Marie.** Le prince à cheval. 2 p. OR.

640. — **Galeas Marie Sforce.** Teston. Arg. 2 p.

641. — **Philippe II.** Buste couronné. ℞. Écusson. Pistole d'or.

642. — **Philippe IV.** Buste couronné. ℞. Écusson. Ducaton d'argent.

643. MANTOUE. **Guillaume.** Écusson couronné, chargé de quatre aigles. ℞. Croix frétée, cantonnée de V et G. Sequin d'or.

644. BOZZOLO. **Scipion de Conzague.** Buste à d. ℞. Deux écussons chargés l'un et l'autre de quatre aigles. Double pistole d'or.

645. VENISE. **Pierre Landau.** Cinquième d'écu. Arg.

646. — **Antoine Prioli.** Écu à la croix. Arg.

647. — **Louis Manin.** Sequin d'or.

648. — Id. ℞. Respublica veneta. Buste de femme, à droite. Talaro d'arg.

649. — RÉPUBLIQUE CISALPINE. ℞. **Scudo di lire sei 27 pratile anno VIII.** Arg.

650. ROYAUME LOMBARDO-VÉNITIEN. ℞. **François Ier.** 40 lire. Or.

651. PARME. **Octave Farnèse.** ℞. **Inter lilia par.** Demi-sequin. Or.

652. — **Alexandre Farnèse.** Buste à d. ℞. Femme casquée debout, portant un lys, 1591. Écu. Arg.

653. TOSCANE. **Florence.** Trois florins avec différents symboles. Or.

654. — **Cosme III.** Buste à d. ℞. Port de mer. Écu de 10 paul. Arg.

655. — **Jean Gaston Ier.** Sequin d'or.

656. — **François III.** Demi-francescone. **Ferdinand IV.** Écu. Arg. 2 p.

657. — **Charles-Louis et Marie-Louise.** Leurs bustes affrontés. Écu de 10 paul. Arg.

658. LUCQUES. **S. Vultus de Luca.** Buste couronné, de trois quarts. ℞. 1552. **Carolus imperator.** Ecusson. Sequin d'or.

659. — **Felix et Elisa.** 5 franchi, 1805. Arg.

660. PAPES. **Sixte IV.** Saint-Pierre dans la barque retirant ses filets. Sequin d'or.

661. — **Innocent XI.** Basilique de St-Pierre. Ducat d'arg.

662. — **Innocent XII.** Porte d'un temple, de chaque côté, un ange sonnant de la trompette. Ducaton d'arg.

663. — **Clément XII. De luto faecis 1738**, en trois lignes. Demi-pistole d'or.

664. — **Benoît XIV.** Tête nimbée de Saint-Pierre. Quart de sequin d'or.

665. — **Pie VIII.** La Religion assise sur des nuages. Écu. Arg.

666. — **Léon XII.** 1825. Écu. Arg.

667. — **Grégoire XV.** 1834. Écu. Arg.

668. — **Pie IX.** 1848. Scudo. Arg.

669. MALTE. **Raimond Perellos.** Écusson de Malte. Taro d'arg.

670. — **Emmanuel Pinto.** St-Jean debout tenant l'étendard de Malte. Ecu de 30 tari. Arg.

671. — **François Ximenès de Texada.** Écusson couronné. Demi-écu. Arg.

672. — **Emmanuel de Rohan.** Aigle avec un écusson sur la poitrine. Écu de 30 tari. Arg.

673. RÉPUBLIQUE LIGURIENNE. Ecusson appuyé contre un faisceau surmonté du bonnet phrygien. Écu de 8 livres. Arg.

674. LAVAGNA. **Louis Lucas Flisci.** Aigle à deux têtes ℞. Croix fleurdelisée. Écu d'or.

675. RAGUSE. Buste de femme diadémée. **Rhagus respubl.** Thalero. Arg.

676. GRÈCE. **Othon.** 5 drachmes, 1833. Arg.

677. PISE. **Ferdinand III.** Tête à d., 1799. Écu. Arg.

678. AUTRICHE. **Ferdinand Ier.** Buste de l'empereur, ℞. La Vierge et l'Enfant Jésus. Ducat de thorn. Or.

679. — **Rodolph II.** Buste à d. ℞. Aigle à deux têtes tenant une épée. Thaler. Arg.

680. — **Mathias et Anne d'Autriche.** Leurs bustes accolés. ℞. L'empereur à cheval entre dans Ratisbone. Médaille. Arg.

681. — **Maximilien,** comme grand maître de l'ordre teutonique, debout de face, la couronne sur la tête. ℞. L'empereur à cheval au milieu de quatorze écussons. Demi-thaler. Arg.

682. — **Ferdinand III.** L'empereur debout, 1649. Ducat de Campen. Or.

683. — **Léopold II.** Buste lauré. ℞. Aigle à deux têtes. Thaler

684. — **Charles VI.** Buste à d. ℞. Aigle éployé à deux têtes. Ducat de Transylvanie. Or.

685. — Id. L'empereur debout. ℞. La Vierge assise sur un croissant. Ducat de Hongrie. Or.

686. — **Marie Thérèse.** L'impératrice debout. ℞. La Vierge assise sur un croissant. Double ducat de Hongrie. Or.

687. — Id. Écusson parti d'Autriche et de Hongrie. ℞. **Ad normam conventus.** Dans une couronne. Thaler du margraviat de Burgow. Arg.

688. — **Charles VII.** Buste à d. ℞. Couronne impériale, 1742. Ducat pour son élection. Or.

689. — **Joseph II.** Buste à d. ℞. Vue de la ville de Ratisbonne. Un dixième d'un marc fin. Arg.

690. — **Léopold II.** Buste lauré. ℞. Croix cantonnée de trois couronnes et de la Toison-d'Or. Thaler. Arg.

691. — **François II.** Buste lauré. ℞. Aigle à deux têtes, 1795. 4 ducats. Or.

692. — Id. Buste à d. ℞. Croix cantonnée de trois couronnes et de la Toison-d'Or. Thaler. Arg.

693. — **Ferdinand Ier**. Tête laurée. ℞. Aigle à deux têtes. Ducat. Or.

694. — Id. Tête laurée. ℞. Aigle à deux têtes. Thaler. Arg.

695. BAVIÈRE. **Louis.** Le prince debout. ℞. Écusson. Ducat. Or.

696. — **Maximilien Joseph.** Buste habillé. ℞. La Vierge couronnée. Écu. Arg.

697. — **Charles Théodore.** Tête à d. ℞. Écusson entre deux palmes. Ducat. Or.

698. — **Maximilien Joseph.** Tête à d. ℞. Ecusson ayant deux lions pour supports. Ducat. Or.

699. — Id. Sa tête. ℞. Deux épées en sautoir. Ecu. Arg. 2 p.

700. — **Louis-Charles-Auguste.** Tête nue. ℞. Couronne entre deux palmes, 1828. ℞. Femme assise. Ecu. Arg. 2 p.

701. SALTZBOURG. **Paris,** archevêque. La Vierge Marie et l'Enfant Jésus. ℞. Le saint debout. Ecu. Arg.

702. — **François-Antoine,** archevêque. Ecusson couronné. ℞. Le saint assis. Un quart ducat. Or.

703. WURTEMBERG. Ecusson rond. ℞. Jument galopant et son poulain. Demi-ducat carré. Or.

704. — Pièce carrée d'arg. de un dixième de thaler, à l'éxergue **Stuttgardia.** Arg.

705. — **Frédéric-Guillaume:** Tête à g. ℞. Ecusson, ayant pour supports deux lions. Ecu. Arg.

706. — **Guillaume Ier.** Tête nue à g. ℞. Ein kronen thaler, 1817. Ecu. Arg.

707. — Id. Tête nue à d. ℞. Femme debout coiffée du pétase, devant elle un fleuve couché, 1833. Ecu. Arg.

708. BADE. **Louis-Guillaume-Georges.** Ducat double, à l'occasion de son mariage avec Marie Anne. Or.

709. CONSTANCE. **Ferdinand II.** Ecusson à une croix bordée, 1624. Ecu. Arg.

710. BADE. **Charles-Louis-Frédéric.** Ecusson. ℞. **1 kronen thaler.** En 3 lignes. Arg.

711. — **Louis-Auguste.** Tête nue à d. ℞. Ecusson. 5 thaler. Or

712. — Id. Tête nue à d. ℞. Ecusson. Kronen thaler. Arg.

713. — Id. Florin d'argent. Thaler. 2 p.

714. — **Charles Léopold**. Tête nue à d. ℞. Ecusson ayant pour supports deux griffons. Ecu. Arg., 1835, 1836. 2 p.

715 — Id. 2 florin. 1 florin. Arg. 2 p.

716. BAMBERG ET WURTZBOURG. **François-Louis,** évêque. Ecusson. Un dixième d'un marc fin. Arg.

717. SCHWEBACH. **Frédéric.** Saint debout. ℞. 4 écussons. Ducat. Or.

718. NUREMBERG. Trois écussons. **Saeculum novum celebrat**, etc. Ducat. Or.

719. — Quart ducat carré. Or.

720. — Trois écussons. ℞. Vue de la ville de Nuremberg. Ecu Arg.

721. FRANCFORT SUR-LE-MEIN. Ecu à l'aigle éployé. ℞. Vue de la ville. Ecu. Arg.

722. SAXE. **Christian, Jean-Georges et Auguste.** Les trois frères à mi-corps, 1598. ℞. Ecusson. Ecu d'arg.

723. — **Jean Georges II.** Le duc à cheval. **Deo et patriae,** 1657. Ecu avec bélière. Arg.

724. — **Frédéric-Auguste III.** Tête à d. ℞. Ecusson. Un dixième d'un marc fin. Un vingtième d'un marc fin. Arg. 3 p.

725. — Id. Pièce royale de 10 thaler. Or.

726. — Id. Un dixième d'un marc fin, 1813. Arg.

727. — **Antoine-Clément.** Tête à d. ℞. Ecusson. Un dixième d'un marc fin. Arg.

728. — **Frédéric-Auguste.** Tête à d. ℞. Pièce de deux thalers. Arg.

729. REUSS. **Henri XI.** Tête à d. ℞: Ecusson. demi-écu d'argent.

730. MANSFELD. **Pierre-Ernest.** Ecusson. ℞. Saint Georges à cheval. Demi-écu. Arg.

731. — **Jean-Georges III.** Ecusson. ℞. Saint Georges à cheval. Demi-écu. Arg.

732. BRUNSWICK. **Auguste.** Tête de trois-quarts à d. ℞. Vaisseau en mer : **Jacta est alea.** Ecu. Arg.

733. — **Rodolphe-Auguste.** Hercule debout. **Christian-Louis.** Cheval au galop. Demi-florin. Arg. 2 p.

734. — **Georges III.** Cheval au galop. X thaler. OR.

735. HANOVRE. **Georges IV.** Tête à g. ℞. X thaler 1825. OR.

736. — **Ernest-Auguste.** Tête nue à d. ℞. Ecusson. Thaler Arg.

737. BRUNSWICK. **Charles - Guillaume.** Ecusson couronné. ℞. XVI. GVTE. GROSCH. Arg.

738. — **Frédéric-Guillaume.** Ecusson. ℞. X thaler 1813. OR.

739. MECKLEMBOURG-SCHWERIN. **Frédéric-François.** Ecusson. ℞. Deux tiers. Arg.

740. HAMBOURG. **Joseph II.** Aigle éployé. ℞. **Courant 32 schillings.** Arg.

741. LIÉGE. **Ferdinand,** évêque. Buste à g. ℞. Ecusson. **Dux bullionensis,** etc. Ecu. Arg.

742. MAYENCE. Ecusson. ℞. Un dixième d'un marc fin. 1794. Arg.

743. — **Frédéric-Charles-Joseph.** Buste de trois quarts. ℞. **Ex vasis argent cleri,** etc. Un dixième d'un marc fin. Arg.

744. TRÈVES. **Clément Wenceslas.** Buste à d. ℞. **Ex vasis argenteis,** etc. Ecusson. Ecu d'or.

745. COLOGNE. **Thierry II.** Evêque debout. ℞. Ecusson. Florin d'or.

746. — **Ferdinand.** Buste à g. ℞. Ecusson. Ecu. Arg.

747. HESSE. **Guillaume.** Tête nue à d. ℞. Ecusson ayant pour supports deux lions. Un dixième d'un marc fin. Arg.

748. — **Guillaume II.** Buste à d. ℞. Ecusson. 5 thaler. OR.

749. FULDE. **Adalbert.** Buste à d. ℞. **Pro Deo et patria.** 1795. Un dixième d'un marc fin. Arg.

750. HESSE-DARMSTADT. **Ernest-Louis.** Buste à d. ℞. Ecusson à 6 quartiers. Quart de ducat. OR.

751. — **Louis Ier.** Tête nue à d. ℞. **Ein kronen thaler.** Ecusson. Ecu. Arg.

752. — **Louis II.** Tête nue à g. ℞. Ecusson. 1835. Ecu. Arg.

753. NASSAU. **Guillaume-Georges-Auguste.** Tête à d. ℞. Ecusson, pour supports deux lions. Ecu. Arg. **Adolphe.** Florin. Arg. 2 p.

754. PAYS-BAS. **Charles-Quint.** Ecu d'or au soleil. 2 p.

755. — **Philippe II**, comme duc de Gueldre. Demi-ducaton, et quart ducaton d'Overyssel. Arg. 2 p.

756. — **Albert** et **Isabelle.** Ecusson. Ducat de Tournay. 1660. OR.

757. — **Philippe IV.** 1632. Buste à d. ℞. Ecusson supporté par deux lions. Ducaton et demi-ducaton. Arg. 2 p.

758. — **Charles II.** Ecusson. ℞. Croix Saint-André feuillue. Ecu ou briquet. Arg.

759. — **Philippe V.** Buste cuirassé. ℞. Ecusson. Ducaton Arg.

760. — **Charles VI.** Ecusson aux armes d'Espagne. ℞. Croix feuillue. Patagon frappé à Anvers. Arg.

761. — **Joseph II.** Buste à d. ℞. Lion dans un écusson ovale. Médaille. Arg.

762. **Confédération.** Un lion debout à d. Florin d'arg.

763. — **François II.** Pour la Flandre. 1796. Couronne d'arg.

764. HOLLANDE. **Utrecht.** Guerrier debout. Ducat 1760. Ducat 1814. Or. 2 p.

765. —— **Saint Martin,** évêque assis. ℞. Ecusson de Bourgogne. Ducat. OR.

766. — **Zélande.** Homme armé debout soutenant un écusson. 1771-1790. Ecu d'arg. 2 p.

767. — **Gueldre.** La Liberté debout. Florin. Arg.

768. — **Nimègue. Charles-Quint.** Buste couronné. ℞. Double aigle. Ecu. Arg.

769. — **Over-Yssel.** Bustes affrontés de Ferdinand et d'Isabelle. ℞. Ecusson. Ducat de Swol. OR.

770. —— Florin et demi de Daventer. Arg.

771. — **Frise.** Sept flèches liées ensemble. Demi-ducat. OR.

772. —— La Liberté appuyée sur un piédestal. Florin. Arg. Demi-florin. Arg. 2 p.

773. PAYS-BAS. Guerrier debout. 1818. Ducat. OR.

774. — **Guillaume Ier.** Tête du roi. ℞. Ecusson 10 G. 10 florins. Or. 5 florins. Or. 4 p.

775. BELGIQUE. **Léopold Ier.** Deux demi-florins. 1848. Arg. 2 p.

776. ESPAGNE. **Ferdinand** et **Isabelle.** Leurs bustes affrontés. Ecusson. Pistole d'or.

777. — **Philippe III.** Pistoles pour le Mexique. Or. 3 p.

778. — Piastres pour le Mexique. Arg. 3 p.

779. — **Charles III.** Quadruple de 1797. Or.

780. —— Demi-quadruple. 1773. Or.

781. —— Quart-quadruple. 1788. Un seizième. Or. 3 p.

782. — **Charles IIII.** Quadruple. 1807: Un huitième, 1798. Or. 2 p.

783. **Ferdinand VII.** Quadruple. 1809. Or.

784. —— Quadruple. 1814. Or.

785. —— Piastre. 1811. Arg.

786. — **Isabelle.** Pièce de 80 reaux. Or.

787. — **Pérou.** 1822. Piastre. Arg. 1823. Arg. 2 p.

788. — **Colombie.** 1830. Pièce d'or de 8 écus.

789. —— 1820. Piastre. Arg.

790. —— **Amérique** centrale. 1827. Pièce de 2 écus. Or

791. — **Mexique.** 1829. Pièce de 2 pistoles. Or.

792. —— Pièce de 4 pistoles. Or.

793. —— Demi-pistole. Un seizième. Or. 3 p.

794. —— Piastre. Arg.

795. PORTUGAL. **Sébastien.** Ecusson. Ecu d'or. 2 p.

796. — **Jean V.** 1000 reis. 1726. Or.

797. — **Jean V.** 1732. 1200 reis. Or.

798. — **Joseph Ier.** 1776. Or. 2 p.

799. — **Marie Ier,** et Pierre III. Portugaise. Or.

800. — **Jean VI.** 1813. Crusade. Arg.

801. — **Marie II.** 1834. Portugaise. Or.

802. — Id. 1835. Crusade. Arg.

803. BRÉSIL. **Pierre Ier.** 1826. Double pataque. Arg.

804. ÉTATS-UNIS. 1801. Dix dollars. Or.

805. — 1835-1799. Deux demi-dollar. Or. 2 p.

806. — 1822. Demi-dollar. Arg.

807. SUISSE. République helvétique. 1798. 40 batz. Arg.

808. — **Zurich.** 1716. Quart ducat. Or.

809. — Id. 1559. Ecu. Arg.

810. — Id. 1813. 40 batz. Arg. 20 batz. Arg. 3 p.

811. — **Fribourg.** 1813. 4 francs. Arg.

812. — **Bern.** 1793, 1795. 32 francs. Or. 2 p.

813. — Id. Ecu, demi-écu. Sanctus Vincentius. Ecu. Arg. 3 p.

814. — **Lucerne.** Florin. 1623. Arg. 2 p.

815. — Id. **I. H. S.** dans une Gloire. Ecu. Arg.

816. — **Soleure.** 1797. Pistole d'or. 20 batz. Arg. 2 p.

817. — **Bale.** Ducat. Or.

818. — Id. Ducat d'or. 2 p.

819. — Id. 1 thaler. Double écu. Demi-thaler. Arg. 3 p.

820. — **Schaffouse.** Ecu. 1620. Arg.

821. — **Saint Galle.** Demi-écu. Arg.

822. — **Grisons.** 1842. Ecu. Arg.

823. — **Argovie.** 1809. **Tésin.** 1813. 20 batz. 2 franchi. Arg. 2 p.

824. — **Genève.** 1794. Prix du travail. Ecu de 12 florins. Arg.

825. — **Valais.** 1696. **Valesia. renov. foedus.** Ecu. Arg.

826. — **Saint Galle.** Ecusson. ℞. Ours. 1776. Ecu. Arg.

827. PRUSSE. **Frédéric-le-Grand.** 1750. Frédéric. Or.

828. — Id. 1764, 1772, 1786. Thaler. Arg. 3 p.

829. — **Frédéric-Guillaume.** 1794. Frédéric. Or.

830. — Id. 1789, 1797. Thaler. Arg. 2 p.

831. — **Frédéric-Guillaume III.** 833. Demi-frédéric. Or.

832. POLOGNE. **Ladislas.** Double ducat du couronnement. Or
833. — **Jean-Casimir.** Double ducat. Or.
834. — **Auguste II.** Dantzig. 1698. Ducat. Or.
835. — **Auguste III.** Dantzig. 1734. Ducat. Or.
836. — **Stanislas-Auguste.** 1788. Ecu. Arg.
837. RUSSIE. **Catherine.** Rouble. Or.
838. — **Alexandre Ier.** 3 roubles. Or.
839. — Id. Pour la Pologne. 2 zlott. Arg.
840. DANNEMARK. **Christian IV.** Ducat. Or.
841. — **Frédéric V.** Ducat. Or. 2 p.
842. — **Frédéric VI.** Ecu. Arg.
843. SUÈDE. **Bernadotte.** Ducat. Or.
844. — Id. Ecu. Arg.
845. HAITIE. **Henri.** 1811. Ecu. Arg.
846. — Id. 1808. 30 sols. 15 sols. 7 sols et demi. Arg. 3 p.

N. B. Au commencement de chaque vacation seront vendus quantité de lots de monnaies romaines et du moyen âge. Grandes médailles modernes, en or, argent et bronze.

LIVRES DE NUMISMATIQUE.

847. **Cartier** et **de la Saussaye.** Revue numismatique. 1836 à 1851. 16 vol. in-8, demi-rel., et 5, n. de 1852.
848. **Joachim Lelewel.** Numismatique du moyen âge. 1 vol., texte in-8. 1 vol. pl. in-4, oblong. Demi-rel.
849. **Dumersan.** Numismatique du voyage du jeune Anacharsis. 2 vol. in-8, reliés en un.
850. **Duchalais, Gauloises, De Longpérier.** Notice sur les monnaies françaises, de M. Jean Rousseau. In-8, demi-rel.
851. **Gaillard.** Description des monnaies espagnoles. In-8, demi-rel.
852. **De Saulcy.** Numismatique bizantine. 1 vol. de texte in-8, 1 vol. de planches in-4, demi-rel.

853. **Tochon d'Annecy.** Recherches sur les nômes d'Egypte, 1822. 1 vol. in-4, demi-rel.

854. **G. Combrouse.** Catalogue raisonné des monnaies nationales de France, 1839. 4 vol. in-4, demi-rel.

855. **Caylus.** Numismata aurea imperatorum romanorum. 1 vol. in-fol. demi-rel.

856. **Tobiesen-Duby.** Monnaies des prélats et barons de France. 2 vol. in-fol., reliés en veau, tranche dorée.

857. — Pièces obsidionales et de nécessité. 1 vol. in-fol., relié en veau, tranche dorée.

858. **Leblanc.** Traité historique des monnaies de France, avec la dissertation historique. Amsterdam, MDCXCII. In-4, grand papier, reliure en veau fauve.

859. **Fougères et Combrouse.** Monnaies de la deuxième race. In-4, demi-rel.

860. **Renier-Chalon.** Recherches sur les monnaies des comtes de Hainault. In-4, demi-rel.

861. **De Saulcy.** Recherches sur les monnaies de Lorraine. Recherches sur les monnaies des comtes et ducs de Bar. Robert. Recherches sur les monnaies des évêques de Toul. 1 vol. in-4, dem.-rel.

862. **Baron Marchant.** Lettres sur la numismatique ancienne, nouvelle édition. 1851. 1 vol. in-18, dem.-rel.

863. **Jacob Kobb.** Traité élémentaire de numismatique ancienne 2 vol. reliés en un. In-8, demi-rel.

864. **Jobert**. La Science des médailles. Paris 1739. 2 vol. in-12, rel. pleine.

865. **Banduri.** Numismata imperatorum romanorum. 2 vol. in-fol., rel. en un. Rel. en vélin.

866. **Vaillant.** Numi familiarum romanorum. 1 vol. in-4, dem.-r.

867. — Numismata imperatorum romanorum præstantiora. 3 vol. in-8, rel. pleine.

868. — Numismata aerea in coloniis. 2 vol. rel. en un. In-folio vélin, rel. pleine.

869. Numismata imperatorum græce loquentibus. Editio altera. 1 vol. in-4, rel. pleine.

870. **Bonneville.** Traité des monnaies d'or et d'argent. 1806 1 vol. in-folio, cartonné.

871. **Ch. Lenormant.** Trésor de numismatique et de glyptique. Médailles coulées et ciselées en Italie. 1 vol. in-folio, dem.-r.

872. **Caylus.** Recueil d'antiquités. 7 vol. in-4, rel. pleine, tranche dorée.

873. **Eckhel.** Doctrina numorum veterum. 8 vol. in-4, et un neuvième vol. numi veteres anecdoti. Rel. pleine en vélin.

874. **Pellerin.** Recueil des médailles des peuples, villes et rois dans l'antiquité. 8 vol. in-4, rel. pleine; tranches dorées.

875. **Millingen.** Histoire métallique de Napoléon. In-4, dem. r.

876. **Millin.** Histoire métallique de la Révolution française. In-4, dem-rel.

877. **De la Chau.** Description des pierres gravées du duc d'Orléans. 2 vol. in-folio, cartonnés.

878. **Grivaud de la Vincelle.** Recueil d'antiquités gauloises. 2 vol. rel. en un. In-4, rel. pleine, tranches dorées.

879. **Marquis de Pina.** Leçons élémentaires de numismatique romaine. 1 vol. in-8, rel. pleine.

880. **Leonardo Agostini.** Gemmæ antiquæ. 3 vol. petit in-4, rel. pleine, tranches dorées.

881. **Dom.-Thomas Mangeart.** La Science des médailles. 1 vol. in-folio, rel. pleine.

882. Médailles du règne de Louis le Grand. 1 vol. in-fol. rel. pleine tranches dorées.

883. **Mionnet.** De la rareté des médailles romaines. 1827. 2 vol. in-8, rel. pleine.

884. **Toussenel.** Médailles des rois de France. 1844. 2 vol. in-4, cartonné.

885. **Koelher.** Remarques sur les médailles et les monnaies. 1 vol. petit in-4, cartonné.

886. Catalogues de médailles de 1843 à 1847. 2 vol. in-8, dem.-rel.

TABLE

264. — Paris. Imp. de Ch. Bonnet et comp., 42, rue Vavin.

www.ingramcontent.com/pod-product-compliance
Ingram Content Group UK Ltd.
Pitfield, Milton Keynes, MK11 3LW, UK
UKHW021035180726
13838UKWH00004B/1821